AF339735

PUBLICATIONS DE LA SOCIÉTÉ

POUR

LA PROPAGATION DE L'ENSEIGNEMENT UNIVERSEL

ET DE L'ÉMANCIPATION INTELLECTUELLE.

Méthode *JACOTOT*.

COMPTE RENDU

DES

OBSÈQUES DE J. JACOTOT,

DÉCÉDÉ LE 30 JUILLET 1840.

PUBLIÉ PAR DÉCISION DE LA SOCIÉTÉ SÉANT A L'HÔTEL-DE-VILLE,
LE 6 AOUT 1840.

❀ Nº 8. ❀

PARIS.

MANSUT FILS, LIBRAIRE DE LA SOCIÉTÉ,
PLACE SAINT-ANDRÉ-DES-ARTS, 30.

AOUT 1840.

Tous les disciples de l'Enseignement universel se font un devoir de faire connaître à tout le monde, *et surtout aux pauvres,* les principes et les procédés de la *Méthode JACOTOT,* parmi les personnes qui habitent Paris, on peut s'adresser plus particulièrement chez les suivantes, auprès desquelles on est, en outre, à même de vérifier les résultats de ce mode d'enseignement:

M. H. V. JACOTOT fils, président d'honneur, rue d'Enfer, 55.

M. Gabriel DELIGNY, président annuel, rue du Temple, 103.

M. DESHOULIÈRES, vice-président, passage Saulnier, 13.

M. P. ELOI, secrétaire-général, passage Saulnier, 13.

Mme BACHELLERY, secrétaire-particulier, rue Basse-du-Rempart, 20.

M. MANSUT, trésorier, place Saint-André-des-Arts, 30.

M. BOUVRAIN, } censeurs, { rue du Battoir, 13.
Mlle Vie DELAFOLLIE, } { rue de Bussy, 14.

M. RATIER, ex-vice-président, rue de l'Arbalète, 25.

INSTITUTIONS.

L'*Institut JACOTOT,* passage Saulnier, 13.

M. BALLA, rue de Crussol, 13.

M. BLONDINAT, rue de Suresne, 13.

M. HARLÉ, rue du Monceau, 9, faubourg du Roule.

Mme BACHELLERY, rue Basse-du-Rempart, 20, boulevart des Capucines.

Mme FRÈREJEAN et Mlle MARCHANT, rue Saint-Honoré, 123.

PROFESSEURS PARTICULIERS.

M. DEVOS, rue Grange-aux-Belles, 20.

M. GAUSSAIL (Auguste), rue Saint-Jacques, 340.

M. GUYARD, rue Coquenard, 46.

M. HOUZÉ, rue Neuve-Saint-Paul, 6.

M. LEVASSEUR, rue du Faubourg-du-Temple, 48.

M. MARTIN, rue du Bouloi, 23.

M. RABLE, rue de la Chaussée-d'Antin, 68.

M. RUFFINOT, rue Bleu, ...

M. DE SÉPRÉS, rue du Faubourg-Saint-Honoré, 66.

Mlle Vie DELAFOLLIE, rue de Bussy, 14.

Les Professeurs qui suivent cette méthode, et qui ne se sont pas encore mis en rapport avec la Société, sont invités à se faire connaître à M. Mansut fils, libraire et trésorier de la Société, les familles s'adressant souvent à lù pour avoir des instituteurs et des institutrices.

COMPTE RENDU

DES

OBSÈQUES DE J. JACOTOT.

(EXTRAIT DU PROCÈS-VERBAL DE LA SOCIÉTÉ DE PHILOSOPHIE PANÉCASTIQUE ET D'ENSEIGNEMENT UNIVERSEL, SIÉGEANT A L'HOTEL DE VILLE DE PARIS, SÉANCE DU 6 AOUT 1840.)

Nous étions loin de croire, Messieurs, en voyant la vigueur d'esprit et de corps qui animait le vieillard que nous entourions tous d'amour et de respect, que la Providence avait compté ses jours et résolu de ravir à ses disciples le maître qui pouvait leur apprendre tant de choses encore.

J'étais loin de penser moi-même qu'il me faudrait remplir sitôt la pénible tâche de consigner dans nos annales l'événement le plus funeste qui pût survenir à la Société, la mort de Joseph Jacotot, l'illustre fondateur de la *Méthode des pauvres*.

Toutefois, Messieurs, au milieu du chagrin le plus vif, une lueur de contentement s'est mêlée à nos larmes, en voyant les regrets et le recueillement religieux qui l'ont escorté jusqu'au lieu du repos. Oui, c'est pour nous tous une douce pensée de songer que Jacotot, notre père et notre chef, s'est éteint comme Socrate, et a été pleuré avec autant de sincérité et d'amertume que lui par ses nombreux disciples.

Son convoi, qui s'est acheminé lentement sous un ciel pur éclairé par le soleil brûlaut du milieu du jour jusqu'au cimetière de l'Est, était formé de plus de cinq cents personnes. Les quatre coins du poêle ont été tenus par MM. Bouvrain, Eloy, Rable et Bachellery. On voyait des hommes de toutes les classes assister à cette cérémonie funèbre, pour rendre ce dernier et triste hommage à la mémoire du fondateur de l'enseignement universel ; il en devait être ainsi, car celui qui dans la richesse de sa pensée avait jeté tant de lumières sur tous les travaux de l'intelligence humaine, devait à sa dernière heure grouper autour de lui toutes les existences variées qu'il avait régénérées de son inspiration féconde.

Des fonctionnaires de haute distinction, des savans, des professeurs, des artistes, des étudians, des ouvriers et des femmes, ont fait suite à son deuil, et comme si rien ne devait manquer pour glorifier la mort du philosophe stoïque qui a exhalé le dernier soupir en prononçant le mot sublime de *volonté*, nous avons vu le fils courageux d'un si noble père, portant sur son front l'empreinte d'une douleur qui surpassait toutes les nôtres, l'accompagner d'un pas ferme jusqu'à l'endroit de son tombeau.

Aussitôt que les dernières oraisons religieuses ont été dites, le président de la Société, M. Deligny, d'une voix profondément émue a prononcé le discours suivant :

« Messsieurs, placé par mes confrères et condisciples à la tête de
» la Société que nous avons fondée pour la propagation de l'ensei-
» gnement universel et de l'émancipation intellectuelle, j'ai dans
» maintes occasions solennelles porté la parole au nom de tous
» pour témoigner à l'illustre Jacotot la joie et le bonheur que
» nous avions de le posséder comme président perpétuel, comme
» président d'honneur. Fallait-il que sitôt, interprète de la douleur commune, je vinsse remplir la triste mission de lui adresser
» un dernier adieu?... Là devrait se borner ma pénible tâche, car
» le coup qui nous a tous frappés a trop profondément affecté

» mon cœur pour me laisser la moindre liberté d'esprit. Comment
» pourrai-je, dans mon affliction, vous faire connaître, suivant
» l'usage, une vie si belle et si remplie? Il me faudrait vous
» raconter toutes les fonctions auxquelles Jacotot fut appelé,
» tous les travaux qu'il a accomplis, tous les services qu'il a ren-
» dus à son pays et à ses concitoyens; il me faudrait vous le repré-
» senter comme homme privé, comme savant et comme fonda-
» teur de la célèbre méthode philosophique qui porte son nom.

» Vous dire, messieurs, tout ce qui pourrait vous faire con-
» naître cet homme dont la tête était si puissante, la volonté si
» forte, le savoir si étendu, le caractère si noble et l'indépen-
» dance si entière, le désintéressement si complet, la bonté et la
» bienveillance si ingénieuses, ce serait prolonger trop long-temps
» cette triste cérémonie, que les convenances me forcent au con-
» traire à abréger en présence de celui qui est le digne héritier
» de son nom.

» Vous parlerai-je du debut de Jacotot dans le monde comme
» avocat? Entraîné dès lors vers l'enseignement par un attrait
» irrésistible, et quittant le barreau pour une chaire d'humanités;
» arraché à sa nouvelle carrière par la révolution, devenant suc-
» cessivement capitaine d'artillerie, directeur de la fabrication
» des poudres et salpêtres, secrétaire du cabinet du ministre de
» la guerre et substitut du directeur de l'école Polytechnique;
» abandonnant bientôt cet emploi pour reprendre dans sa ville
» natale les modestes fonctions auxquelles il revenait toujours
» avec tant de prédilection; vous le représenterai-je tour à tour
» professeur d'idéologie, de langues orientales, de mathématiques
» pures et transcendantes, et de droit romain à l'académie de
» Dijon; appelé toutes les fois qu'il fallait organiser une chaire
» nouvelle ou donner à d'anciennes études une meilleure direc-
» tion?

» Dois-je vous rappeler qu'il fit partie en 1815 de la chambre
» des représentans, où l'appela presque malgré lui la confiance
» de ses concitoyens de la Côte-d'Or?

» Le suivrai-je dans les Pays-Bas, où il se retira volontairement
» après les cent jours pour goûter une tranquillité qu'il craignait
» de ne plus rencontrer dans notre malheureuse patrie ?

» Vous dirai-je qu'à son arrivée le souverain s'empressa de le
» nommer lecteur de langue française en l'Université de Louvain ?
» Ma pensée se plaît à le suivre dans ce pays, car c'est là qu'il
» découvrit l'enseignement universel dont il fit de si heureuses
» applications, qu'il fut nommé directeur de l'école normale mili-
» taire dans cette ville. C'est à cette époque qu'il reçut du roi
» Guillaume, en signe de sa considération particulière, la décora-
» tion de l'ordre royal du Lion, la seule récompense qu'il ait
» consenti à accepter.

» C'est là aussi où il commença à écrire ces immortels volumes
» dans lesquels il développe avec tant de philosophie et de science,
» avec une originalité si remarquable de pensées et de style, les
» principes de sa bienfaisante doctrine ; j'ai dit bienfaisante, car
» celui-là n'est-il pas le bienfaiteur de l'humanité qui est venu
» révéler au monde comment tout père ignorant, ne sachant pas
» même lire, peut enseigner à ses enfans à lire, à écrire, à comp-
» ter, en un mot tous les arts et toutes les sciences ? Ceci, mes-
» sieurs, n'est point un paradoxe, c'est un fait que le fondateur a
» vérifié mille fois et que ses disciples vérifient chaque jour.

» J'essaierais de vous faire connaître la trinité de l'enseigne-
» ment universel, de la philosophie panécastique et de l'éman-
» cipation intellectuelle, qui constituent l'unité si admirable de la
» doctrine de Jacotot, si cette partie ne donnait pas trop d'é-
» tendue à la tâche que je me suis imposée ; je vous dirai seule-
» ment qu'il fallait la belle âme, toute la bonté et la générosité du
» cœur de Jacotot, pour faire découler de ses observations toutes
» les conséquences qu'il en a tirées.

» Source inépuisable de sciences, encyclopédie vivante, par
» une sublime abnégation il est venu révéler à l'ignorant sa di-

» gnité d'homme, et le mettre à même, non seulement de s'in-
» struire seul et sans maître explicateur, mais encore de vérifier
» utilement et infailliblement le degré d'attention qu'un autre
» apporte à l'objet de ses études, proclamant ainsi par la preuve
» la plus irréfragable l'égalité des intelligences humaines.

» Quant à nous, chers confrères et condisciples, nous avons en-
» couru une immense responsabilité en nous instituant les apôtres
» de cette œuvre de lumière, de délivrance et de paix. Prenez avec
» moi, en face de ces précieux restes, l'engagement sacré de la
» faire connaître par tous les moyens possibles, de prêcher sur-
» tout aux pauvres, les enfans de prédilection de notre père, le
» bienfait de l'émancipation intellectuelle.

» Que les mânes de notre bien aimé maître tressaillent en
» voyant notre union et nos efforts ; que son esprit, planant autour
» de nous, nous communique cette volonté persévérante qui lui
» fit consacrer tant d'heures pour cette classe si nombreuse et si
» intéressante qui occupait sa pensée tout entière ; méritons qu'un
» jour une fleur de cette couronne que nous déposons sur son cer-
» cueil vienne décorer aussi notre tombe. Tes contemporains, ô
» Jacotot ! t'ont déjà rendu la justice qui t'est due, mais c'est la
» postérité surtout qui te décernera le titre que tu mérites si bien,
» celui de bienfaiteur de l'humanité.

» Repose en paix, homme juste, puissant et sage, toi qui le
» premier portas la consolation dans le cœur du pauvre, en lui dé-
» montrant que Dieu, dans sa justice, créa l'homme égal à l'homme
» sans distinction de rang, de race ni d'organisation ; toi qui posas
» si courageusement en principe cette hypothèse divine, de laquelle
» découlent naturellement ces conséquences trop long-temps in-
» comprises : l'égalité de tous les hommes par le travail, leur
» indivisibilité par leur sagesse, comme leur fraternité en Dieu.

» Repose en paix, philosophe vraiment digne de ce nom ; reçois
» nos adieux, et sois béni. »

L'impression produite par ce discours durait encore lorsque
M. Guyard, d'une voix forte et accentuée a fait passer dans l'âme de
tous ceux qui l'écoutaient la religieuse résignation dont ses paroles
étaient empreintes : «Amis et disciples de Jacotot, a-t-il dit, c'est ici,
» c'est sur le bord de cette tombe chérie que commence, dans
» dans toute sa plénitude, la noble et glorieuse mission que nous
» avons acceptée et que nous impose à tous le titre de disciple de
» Jacotot.

» Une tâche immense se déroule devant nous, la continuation
» de cette grande œuvre de régénération intellectuelle et morale
» que notre maître osa entreprendre seul avec la seule puissance
» de cette volonté sublime qui n'a su fléchir que devant la mort.

» Du ciel conquis par ses vertus, il me semble entendre la voix
» de l'élu de Dieu, qui nous crie :

» Disciples bien aimés, je vous lègue en héritage les ignorans et
» les pauvres; veillez sur eux, veillez sur mes enfans, qui sont aussi
» les enfans de Dieu. Comme celui qui m'a envoyé, je vous envoie ;
» allez, et émancipez les nations par l'émancipation des individus,
» en annonçant l'égalité des intelligences et les biens réservés à
» ceux qui *veulent*. Le but est rude à atteindre ; mais le moyen
» que je vous ai enseigné est égal au but, il le dépasse. La volonté
» est la clef de solution de toute les difficultés qu'il est possible à
» l'homme de vaincre.

» Enfans, soyez unis, resserrez sur ma tombe les liens de la con-
» fraternité ; *veuillez* et vous *verrez*. La volonté a pu abrutir le
» monde, la volonté seule peut l'émanciper.

» Frères et amis, nous sommes les envoyés de l'envoyé du Sei-
» gneur : sur cette tombe sacrée, par devant la grande âme de notre
» maître qui nous regarde, jurons la continuation active et gra-
» tuite de sa grande œuvre, la réalisation du vœu de son cœur,
» l'affranchissement et la réhabilitation de l'intelligence humaine.

« Amis, point de faiblesse et plus de larmes. Que pleurez-vous ?
» une séparation d'un jour ? allons, aujourd'hui avec courage,
» défrichons le champ du Seigneur ; puis aux côtés de notre bon
» maître nous irons nous reposer demain. »

Après ces paroles de pieux enthousiasme, réunissant à mon tour
les forces que la douleur me laissait encore, et puisant aussi dans
les doctrines de mon maître bien aimé le droit d'émancipation
et la foi de la volonté, j'ai suivi l'élan de mon âme sans craindre
d'assumer sur moi la responsabilité d'un acte jusque alors étranger
aux femmes, celui de prendre la parole sur une tombe. Je rends
grâce à l'indulgence des assistans qui ont bien voulu écouter avec
un silence approbateur les pensées non écrites que je vais essayer
de rappeler à mon souvenir :

« Disciples de Jacotot, parens ou amis affligés qui venez conduire
cet homme de bien à sa dernière demeure, permettez qu'une ad-
miratrice de sa belle âme et de ses nobles travaux prononce quel-
ques mots sur sa tombe.

» Si, contre l'usage ordinaire, d'une voix faible de femme je
fais entendre en ce lieu et à ce moment solennel des paroles d'a-
mour et de douleur sur les restes inanimés d'un vieillard, c'est
que ce vieillard était mon maître et que je l'aimais comme un père;
c'est parce que je crois parler au nom de toutes les mères qu'il a
comblées de bontés et de bienveillance, et surtout au nom d'une
foule de jeunes filles qui reçurent ses soins si doux et si paternels.

» L'avenir dira peut-être aussi, en voyant germer les vastes pensées que Jacotot a semées dans le monde, qu'il était juste que le
révélateur de l'égalité des intelligences, celui qui donna à notre
sexe la seule croyance vraiment capable d'élever sa destinée so-
ciale avec sagesse et dignité, emportât dans la tombe une couronne
d'immortelles baignée des larmes d'une femme.

» Des disciples dévoués et admirateurs rappelleront bien mieux que moi les titres glorieux de celui que nous pleurons à la reconnaissance de tous ; mais nul ne s'inclinera avec plus de vénération devant ce lugubre cercueil ; nul ne se sentira plus frappé d'épouvante et glacé d'effroi à l'aspect de ce morne tombeau.

» Ombres silencieuses, qui remplissez cette grande cité des morts, vous qui dormez d'un sommeil éternel, pour nous plein de terreur et de mystère, laissez-nous vous envier les dépouilles mortelles du sage que nous accompagnons à son dernier asile ; laissez-nous jeter quelques-unes des fleurs qui vous entourent sur l'homme excellent que Dieu nous enlève ; permettez-nous de pleurer ici l'ami, l'égal de tous, le bienfaiteur des pauvres, celui qui ne tenait pas plus de place parmi les ambitions et le luxe du monde qu'il n'en occupe maintenant sous cette humble pierre. Encore, si le ciel dans sa justice, en nous retirant les prédestinés qu'il place ici-bas pour adoucir les maux qui nous affligent, daignait nous montrer du doigt ceux qu'il a choisis pour leur survivre et nous aimer comme eux, nos pertes seraient moins douloureuses ; mais des hommes tels que toi, ô mon maître ! sont des points radieux et clairsemés dans l'espace : lorsqu'ils s'éteignent, ils laissent trop long-temps après eux des régions ténébreuses qui ne s'éclaircissent que par un nouveau souffle de Dieu.

» O Jacotot, âme d'élite, raison stoïque et douce qu'aucune faiblesse humaine ne venait ombrager, quand les générations mouvantes, poussées par la logique des droits complets de l'humanité, invoqueront un jour le principe émancipateur que tu as posé, elles se troubleront peut-être à la vue de sa toute-puissance ; alors elles rechercheront le chemin qui mène à la tombe pour apprendre du prophète lui-même le secret d'utiliser un trésor divin et la sagesse de ne point s'en enorgueillir.

» Adieu donc, vieillard si simple et si vrai, toi le grand promoteur d'une égalité sainte ; reçois de ma bouche la bénédiction des pauvres qui occupaient sans cesse ton esprit et te faisaient supporter tes douleurs corporelles. Aussi calme, aussi pur que Fénélon, ardent et charitable comme saint Vincent dé Paule , veille sur tes disciples, tes enfans et tes proches, que tu laisses éplorés ; que ta lumineuse pensée nous éclaire et nous rallie souvent autour de ta mémoire, toujours vivante au milieu de nous.

» Adieu encore, notre modèle et notre père ; que la vie des justes te dédommage des souffrances et du peu d'équité que tu as rencontrés parmi les hommes ; c'est pour nous tous, pieusement prosternés sur le bord de ta tombe, la consolation la plus heureuse que celle de te savoir dégagé des misères terrestres et récompensé à jamais de tes vertus et de tes œuvres immortelles. »

Je regrette de n'avoir pu recueillir la courte improvisation qu'un jeune homme, M. de la Fizelière, élève de l'école Jacotique de M. Lafitte de Metz, est venu prononcer, malheureusement d'une voix trop faible, pour rendre un dernier hommage à M. Jacotot.

M. Éloi, qui s'était proposé de parler au nom des élèves, a lu avec un accent que les larmes n'ont point empêché d'être sonore l'allocution suivante, qui a prolongé l'attendrissement des spectateurs :

« Messieurs, s'est-il écrié, l'homme illustre que nous pleurons,
» par la variété des fonctions qu'il a remplies, a réuni autour de
» sa tombe toutes les classes de la société ; les pères et les mères
» de famille sont venus rendre les derniers devoirs au fondateur
» de l'enseignement universel ; les pauvres sont accourus remer-
» cier celui qui les a dotés des plus belles et des plus nobles ri-
» chesses, celles de l'intelligence ; les hommes de talent ont célé-
» bré dignement le grand homme.

» Pour moi, appelé par la Providence à former la jeunesse, je viens,
» au milieu de l'émotion qui agite tous nos cœurs, au milieu des
» larmes que nous fait verser une perte si grande, me rendre l'inter-
» prète des douloureux sentimens de la jeunesse. Oui, jeunes élèves,
» malgré votre âge, vous éprouvez comme nous la peine la plus

» vive, vous partagez nos amers regrets, vous qui devez à celui
» que nous pleurons votre vie intellectuelle, la connaissance de
» vous-mêmes, l'émancipation de vos pensées, la confiance et la
» force qu'inspiraient toujours ses leçons et ses conseils; vous qui
» devez à son expérience des études plus rapides, plus rationnelles
» et moins dispendieuses; vous qui avez été si souvent touchés de
» l'ineffable bonté avec laquelle il vous accueillait toujours, et qui
» semblait dire : Laissez venir à moi les enfans. Oui, jeunes élèves,
» pleurez votre bienfaiteur, votre père, et gardez profondément
» gravé dans votre cœur le souvenir de la triste solennité qui nous
» amène en ce lieu; vous verrez un jour grandir sa gloire, un
» jour vous entendrez bénir son nom; alors chacun de vous pourra
» dire avec une noble fierté : J'ai recueilli les conseils du sage ; les
» leçons du philosophe ont révélé à mon intelligence sa valeur et
» sa puissance ; mon cœur a reçu les belles inspirations qui éma-
» naient du cœur du régénérateur de l'enseignement ; ma volonté
» s'est animée au feu brûlant de sa volonté, et j'ai eu la douce
» consolation de verser sur sa tombe les saintes larmes de la
» reconnaissance. Dites-lui donc avec toute l'ardente expression
» de vos cœurs : adieu, un éternel adieu!!!»

Après M. Éloi, M. Ratier a établi en peu de mots une heureuse
analogie entre la carrière charitable et dévouée de notre maître
et les *merveilleux effets de l'amour divin*, exprimés si chaleu-
reusement dans un chapitre de l'*Imitation de Jésus-Christ*.

Il me reste à citer les pensées, si brûlantes d'énergie religieuse,
exprimées par M. Rable, qui s'était chargé de retracer les derniers
instans du philosophe auquel il a fermé les yeux en disciple fi-
dèle, après avoir veillé nuit et jour à son chevet comme le plus
tendre de ses fils.

« A moi la mort et ses approches, le passage de la vie à l'éter-
» nité! Dieu tout-puissant, fortifie mon âme, soutiens mon cœur,
» et donne à mon esprit la vigueur et la lucidité. Je dois arracher
» à la mort ce que la mort n'a pu atteindre; non, la mort n'a

» point eu de prise sur la sublime intelligence de notre illustre
» maître.

» L'immortel Jacotot n'était pas seulement un prodige d'éner-
» gie, d'originalité, d'intelligence, un chef d'école taillé à l'an-
» tique, un de ces hommes qui donnent à une pensée un cachet
» ineffaçable, qui la gravent au fond de l'âme, la fécondent par
» l'action, et la cosmopolisent par la parole ; c'était encore le plus
» intègre, le plus scrupuleux, le plus bienveillant des amis. Inac-
» cessible aux prestiges de la gloire, aux séductions de l'amour-
» propre, il n'agissait sur ses disciples que par l'ascendant de ses
» vertus et par le charme saisissant de ses discours. Mais son
» cœur, qu'il était excellent ! hélas ! c'était son côté faible ! Atteint
» dans ses affections les plus chères, à l'âge de soixante-dix ans, il
» a perdu peu à peu sa gaieté, son entrain, son aimable causerie.
» L'excitation nerveuse et convulsive qui agitait sa tête, n'ayant
» plus aucun frein, a porté le désordre dans le reste de l'organisa-
» tion ; son âme seule a conservé sa force et sa sérénité ; tous les
» moyens vulgaires de précaution minutieuse, il les rejetait comme
» indignes de lui ; il pouvait abandonner son corps au trépas ;
» mais son âme, il voulait la poser lui-même dans le sein de Dieu.
» Croyez-vous donc, a-t-il dit au plus fort de ses souffrances der-
» nières, que je n'aurai pas le courage de mourir ?

» Du séjour de la gloire éternelle, qu'il entende ici nos sermens.
» Nous jurons, oui, nous jurons de continuer son œuvre sainte,
» d'émanciper nos frères et de fonder à perpétuité une école digne
» de notre maître ! »

Enfin, mademoiselle Delafollie, si distinguée par son zèle et par
son dévouement pour la doctrine du fondateur, a terminé ces
éloges funèbres en lisant un discours avec une si grande sensibi-
lité, qu'on n'a pu en distinguer toutes les parties. Le peu d'espace
qui me reste m'oblige à n'en citer que la péroraison.

« Non, nous n'oublierons jamais ce divin créateur d'une nou-

— 14 —

» velle ère intellectuelle si consolante et si morale, ce caractère si
» généreux, si patient ; cet esprit qu'un savoir prodigieux et une
» bonté parfaite avaient rendu si vaste et si aimable tout à la fois ;
» ce cœur si puissant pour aimer, pour faire le bien et pour par-
» donner le mal. Ah ! puisqu'il nous laisse à nos souvenirs, rappe-
» lons-nous aussi son infatigable complaisance envers ses disciples,
» sa douce tolérance envers les faiblesses des esprits inattentifs
» qui l'ont méconnu, et sa généreuse indifférence opposée à la
» passion aveugle.

» Quel plus grand ami des hommes les siècles à venir pourraient-
» ils fournir? et que pouvons-nous jamais aimer autant que le sou-
» venir de sa vertu, sa philosophie et la découverte dont il a animé
» notre existence ?

» Dieu, qui l'aime sans doute comme un bienfaiteur des hu-
» mains, et qui sait combien nous l'avons aimé, Dieu l'enlève trop
» tôt à l'excellente famille et aux amis dont il a fait le bonheur ;
» mais notre destinée eût été privilégiée si, après l'avoir connu, il
» nous eût été réservé de le voir, de l'entendre et d'en recevoir
» toujours un accueil paternel.

» Subissons l'arrêt cruel qui nous en sépare en honorant sa mé-
» moire par la reconnaissance, par le zèle et par la douleur. Long-
» temps nous pleurerons en lui un bienfaiteur, un juste, un tendre
» père.

» Adieu, illustre modèle des hommes ! adieu, philosophe immortel ! ! ! »

Ainsi s'est terminée cette cérémonie si tristement mémorable
pour la famille Jacotiste ; le serment solennel de continuer l'œuvre
du fondateur a été proféré religieusement sur sa tombe ; il nous
reste à désirer qu'il s'accomplisse avec une harmonieuse unité par
la société entière.

Je n'achèverai pas, messieurs, ce compte rendu sans y insérer le projet de souscription qui a été formé, dans le dessein d'élever une modeste tombe à Joseph Jacotot. J'annoncerai même que le zèle des premiers souscripteurs fait pressentir des sommes assez fortes pour nous permettre de construire un monument plus durable que s'il était en marbre ou en bronze ; je veux parler des ressources de continuité vivace et persévérante qu'elles nous feraient espérer, et à l'aide desquelles nous pourrions propager l'œuvre d'émancipation intellectuelle et d'enseignement gratuit aux pauvres ignorans. Ainsi, les amis ou disciples, à l'étranger, en province ou dans la capitale, qui ont profité des bienfaits ou partagé les doctrines de Jacotot, sont prévenus qu'une commission spéciale, composée des membres du bureau de la Société, a été nommée pour recueillir les offrandes par tous les moyens qu'elle jugera convenables ; cette commission s'adjoindra les notabilités de toutes sortes qui s'intéressent à la mémoire du fondateur, afin que leur influence et leur corporation viennent étendre et assurer le succès de cette souscription, à laquelle vous avez voulu donner une destination digne de celui qui en est l'objet. Enfin, messieurs, comme tout ce qui honore le maître est sacré pour les disciples, c'est un devoir pour nous de publier le désintéressement de M. Gannal, qui, avec un si louable empressement, est venu faire l'application gratuite de sa belle découverte sur le corps de Jacotot. Qu'il reçoive ici l'hommage de la reconnaissance de tous, cet esprit ingénieux qui a trouvé le secret de doubler ainsi l'immortalité des grands hommes, en transmettant leurs précieux restes, sauvés des ravages du temps, aux regards admiratifs et au saint respect des générations futures.

Joséphine **BACHELLERY**,

Institutrice, secrétaire particulier de la Société de philosophie panécastique et d'enseignement universel.

IMPRIMERIE DE Mme Ve DONDEY-DUPRÉ,
Rue Saint-Louis, 46, au Marais.